Así flotamos

Nellie Wilder

✹ Smithsonian

Puedes flotar en
una piscina.

Puedes flotar en
un arroyo.

4

Puedes flotar en
una laguna.

Puedes flotar en un río.

Puedes flotar en un lago.

Puedes flotar en un golfo.

Puedes flotar en el mar.

Puedes flotar en
el océano.

DESAFÍO DE CTIAM

El problema

Hay un concurso para ver quién puede hacer el mejor bote de juguete. ¿Puedes hacerlo?

Los objetivos

- Haz un bote de juguete que flote.
- Tu bote debe flotar al menos cinco minutos.

1 Investiga y piensa ideas

Aprende cómo flotan las cosas.

2 Diseña y construye

Dibuja tu plan. ¡Construye tu bote!

3 Prueba y mejora

Pon el bote de juguete en el agua.
Luego, trata de mejorarlo.

4 Reflexiona y comparte

¿Qué aprendiste?

Asesoras

Amy Zoque
Coordinadora y asesora didáctica de CTIM
Escuela Vineyard de CTIM
Distrito Ontario Montclair

Siobhan Simmons
Escuela primaria Marblehead
Distrito Escolar Unificado Capistrano

Créditos de publicación

Rachelle Cracchiolo, M.S.Ed., *Editora comercial*

Conni Medina, M.A.Ed., *Redactora jefa*

Diana Kenney, M.A.Ed., NBCT, *Realizadora de la serie*

Emily R. Smith, M.A.Ed., *Directora de contenido*

Véronique Bos, *Directora creativa*

Robin Erickson, *Directora de arte*

Stephanie Bernard, *Editora asociada*

Caroline Gasca, M.S.Ed., *Editora superior*

Mindy Duits, *Diseñadora gráfica superior*

Walter Mladina, *Investigador de fotografía*

Smithsonian Science Education Center

Créditos de imágenes: todas las imágenes cortesía de Shutterstock y/o iStock.

Library of Congress Cataloging-in-Publication Data

Names: Wilder, Nellie, author. | Smithsonian Institution.
Title: Así flotamos / Nellie Wilder.
Other titles: Staying afloat. Spanish
Description: Huntington Beach, CA : Teacher Created Materials, [2020] |
  Audience: Age 5. | Audience: K to grade 3.
Identifiers: LCCN 2019041227 (print) | LCCN 2019041228 (ebook) | ISBN
  9780743925426 (paperback) | ISBN 9780743925570 (ebook)
Subjects: LCSH: Floating bodies--Juvenile literature. |
  Hydrostatics--Juvenile literature. | Water--Experiments--Juvenile
  literature.
Classification: LCC QC147.5 .W5518 2019 (print) | LCC QC147.5 (ebook) |
  DDC 532/.25--dc23

Teacher Created Materials

5301 Oceanus Drive
Huntington Beach, CA 92649-1030
www.tcmpub.com
ISBN 978-0-7439-2542-6
© 2020 Teacher Created Materials, Inc.
Printed in Malaysia
Thumbprints.25940